Du Même Auteur

L'Océan des Mots
Océan Haïku

Le Nouvel Océan

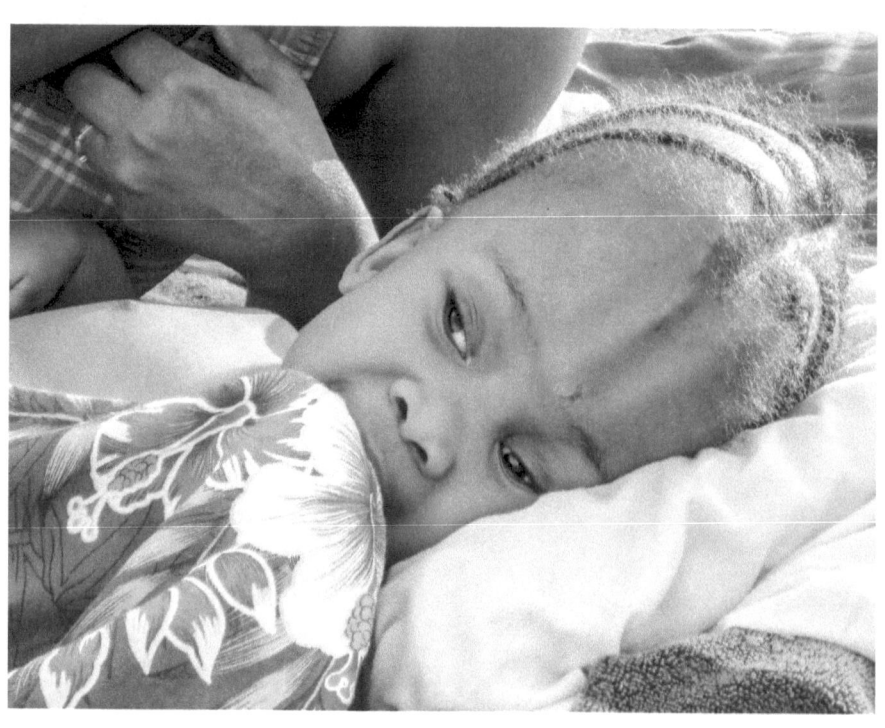

LE NOUVEL OCÉAN

Poèmes

BENOÎT JALABER

PRÉFACE DE
R.P. RICHARD HO LUNG, MOP

LAMOUETTE

LE NOUVEL OCÉAN © 2010 Benoît Jalaber

Tous droits réservés. Aucune partie de ce livre ne peut être reproduite sous aucune forme sans autorisation écrite de l'éditeur, sauf dans le cas de brèves citations dans des articles ou commentaires.

Pour plus d'informations adresse :

Lamouette Press
P.O. Box 690845
Charlotte, North Carolina 28227

www.lamouettepress.com

Toutes les images, photographies et l'art dans *Le Nouvel Océan* sont la propriété de la succession de Benoît Jalaber.

Frontispice : *Cannelle* photo par Benoît Jalaber

Numéro de Contrôle de la Bibliothèque du Congrès : 2014912202

ISBN : 978-0-9960515-4-5

Imprimé aux États-Unis

Première Édition : Mars 2015

10 9 8 7 6 5 4 3 2 1

Comme une invitation à suivre L'Océan des Mots… ce deuxième recueil intitulé, Le Nouvel Océan, plus particulièrement dédié à ma sœur Isabelle, à ma Fleur d'Étoile et à mon Petit Cœur des Îles Vanessa, vous proposera un autre regard sur l'Amour et la Beauté du mot. Composé d'un mélange de poèmes, une note orientale vers le Haïku et une tentative d'expressions calligraphique, ce petit essai tentera de vous faire voyager au-delà de territoires connus.

À tous les grands rêveurs et amoureux du Mot.

Chaleureusement vers vous.

Benoît

Table des Textes

Préface xi

Annabelle 17
Source 19
Insouciance 21
1 23
4 25
7 27
10 29
13 31
16 33
Quelque Chose à Donner 37
Blessure du Mot 39
L'Amour Tout au Long du Chemin 41
19 43
22 45
25 47
Visages 51
Coup de Tout 53

L'Envers de Nos Yeux	55
27	57
30	59
33	61
36	63
39	65
42	67
À Tous les Perroquets	71
L'Insignifiance du Temps	73
Partir	75
45	77
48	79
51	81
54	83
L'Amour en Transition	87
Le Pinceau à Mots	89
Hypersensible	91
57	93
60	95
63	97
66	99
69	101
La Mort en Délivrance	105
Dans la Joie du Pardon	107
Remerciements	111
Crédits	112
À Propos de l'Auteur	115

PRÉFACE

    Il faut un bel esprit pour connaître la beauté et il faut un cœur tendre pour comprendre en profondeur ce qui est fragile et innocent. Dans son Haïku #34, Benoît s'imprègne tellement de la beauté de la nature que cela en devient douloureux, comme si sa joie était telle qu'elle en devenait souffrance.

Odeurs sucrées d'un soir d'été
Beaux champs dorés
Souvenirs chamades…

Aux portes de la douleur
Aseptisées de blanc
Et tant de cris d'enfants…

Puis il y a la solitude de l'hiver (p.27).

La neige ayant fondu
Le ruisseau coule à flots
Quel beau clapotis d'eau…

Mais cet homme tendre qui connaît la beauté n'échappe pas à la laideur, à la douleur, au péché et à la mort. C'est comme si pour voir ce qui est beau, ce sens divin exigeait la connaissance et l'expérience des opposés de la vie. Que ce soit la cruauté de la vie, les mensonges que nous vivons ou l'absurdité que nous partageons sans cesse dans nos conversations quotidiennes.

Benoît a connu la paix avec Myrtle, son épouse américaine, et Vanessa Annabelle, la petite orpheline jamaïcaine qu'ils avaient adoptée. Néanmoins, Benoît était conscient de son être, de ses propres imperfections et des péchés auxquels il devait faire face en son fort intérieur.

Il y avait en lui une terreur et une horreur du monde matérialiste—c'était la plus grande réalité avec laquelle il devait lutter chaque jour. Cela l'affligeait sans jamais trouver de soulagement, à tel point qu'il lui fallait chaque jour se tourner vers le Christ, notre magnifique Christ souffrant.

Sensible et incapable de se défendre contre la méchanceté et la cruauté du monde égoïste se propageant de toutes parts, il s'y est confronté. Est-il un homme religieux ? Il aime Dieu, il aime la beauté et l'innocence : Vanessa et Myrtle étaient sa raison de sa vie. Il les adorait ; pouvaient-elles le tirer de l'obscurité qui persistait dans sa vie quotidienne ?

Quand par trop d'inespoir, mon corps désabusé,
En arrive à vouloir, changer le cours des choses,
Brûle en moi ce désir d'abandonner la vie...

Son refus de grandir vers l'Amour du Seigneur...
Est-ce une fuite lâche, cet élan suicidaire,

Où mes contradictions s'enflamment de passions,
Pour la vie que j'adore et la mort qui m'attire !
Vie, es-tu donc combat, Mort seras-tu triomphe...

Toutefois Benoît ne se croyait pas mieux que quiconque et il était reconnaissant pour le pardon dont nous avons tous si désespérément besoin pour nos faiblesses et nos péchés.

Nous nous devons de croire en toute humilité
Qu'il n'est plus beau cadeau que toujours pardonner...
Fils de Dieu toi qui eus, par ce si court passage,
La bonté d'éclairer nos sentiers embrumés,

Lorsque Vanessa est morte injustement il y a quelques mois, Benoît ne voulait plus continuer à assumer son quotidien. Sa petite trinité était brisée, tout comme sa seule raison de vivre et d'aimer.

Vivre dans cette vie ou non, être ici sur Terre ou la quitter pour le royaume des cieux, c'était une question qui hantait le cœur de Benoît. Il ne voyait pas la mort comme un moyen de fuir la vie, mais plutôt comme un voyage de ce monde vers le royaume des cieux.

Je ne crois pas que le suicide soit une alternative face à une existence subie coûte que coûte contre la cruauté et la méchanceté de la grande machine écrasant le monde paisible des simples et des vulnérables. J'aurais simplement souhaité avoir eu la chance de l'accompagner et de le guider vers le monde des cœurs brisés parmi les frères—ceux des Missionnaires des Pauvres—qui tirent leur force de la croix chaque jour et qui luttent pour la gloire de Dieu qui nous attend.

Communauté chrétienne, où es-tu ? Ce sont des questions que je pose tous les jours. Voix prophétiques, où êtes-vous ? C'est ce que Benoît semblait désirer afin d'atteindre la rédemption.

Voici un recueil merveilleux, passionné et sensible, rassemblant les poèmes de Benoît, que je recommande vivement à tous les amoureux de la vie et du Christ.

Révérend Père Richard Ho Lung, MOP
Fondateur, Missionnaires des Pauvres
Le 26 février 2015

Version originale : Foreword. Traduit de l'anglais.

Août 2009.

Annabelle.

Sans vue et si confiante, sans crainte et sans soucis,
Elle vous sourit aussi…
Annabelle est son nom, elle qui porte en son cœur,
Tous les fruits du bonheur…

Il y a si peu de mots pour décrire ses sourires qu'elle vous offre en cadeau…
De sa main elle vous cherche ou de ses bras qui s'ouvrent,
Elle vous émeut sans cesse…
Il n'y a pas de frontières dans son univers flou,
Il n'y a pas de barrières dans son désir d'aimer,
Seulement une joie simple qu'elle vous fait partager.

En la regardant mieux,
Elle t'apportera lumière,
Celle que tu ne vois pas,
Mais certes qu'elle porte en elle…

Annabelle toi si belle
Réjouis nous de tes ailes
Et tes sourires cannelle.

B.J

Avril 2008.

Source.

Dans la source du malheur nous trouverons du bonheur…
Au plus profond de nous, sans réponse ni pourquoi,
Sans oublier surtout, que l'un dans l'autre nous sommes…

Quand nous crions en pleur, l'aube dans nos cœurs sourit,
Tournons la page allons, vers tous horizons purs,
Forçons-nous d'y puiser la seule lumière du cœur !

Du passage incessant de la tristesse au rire,
Se dessine bien souvent l'unité de nos sens,
Que nous dissimulons, par trop de faux-semblants,
Alors qu'au cœur des sources il suffit de plonger.

Chemins d'ambiguïté terrassant nos espoirs,
Ne nous laisse pas choir, aide-nous à mûrir…

Lorsque souffrances perdurent, seul face au pied du mur…
Rendons grâce au Seigneur pour tant d'heures de bonheur,
Cherchant sans fin la voie, ravivant notre Foi.

Octobre 2008

Insouciance.

Les clés et cartes en main, pourquoi l'homme ne fait rien,
Dans cette immensité où il s'est égaré
Sans jamais s'arrêter pour voir le temps passé…

As-tu vraiment grandi humanité depuis…
Écartelant les peuples sur notre Terre en feu…
Où sont passées promesses, d'offrir un monde meilleur !
Alors que, à ton heure, tu transpires de faiblesse.
N'as-tu donc pas omis de chérir vraie beauté
Pour en cueillir les fruits aux parfums de bonté…
Famine qui demeure sur territoires en pleurs,
Guerres incessantes absurdes pour des gains égoïstes !
Ingrats de tous bienfaits d'un univers qui offre,
Quand ouvriras-tu donc la porte à tes yeux clos !

Insouciante dérive du genre humain moderne…
Pauvres âmes égarées, refusant l'espérance…
Je ne vois que l'au-delà pour notre délivrance.

1.

Le soleil s'est baigné
Sur l'herbe menthe à l'eau
Où sont donc les transats…

2.

Et quelques pas de deux
Et quelques pas de danse
En balayant les feuilles…

3.

Ce qui n'était n'est plus
Des amitiés d'antan
Imperceptible vide…

4.

Les vagues en clapotis
Sur les rochers m'endorment
Passe un rêve aux îles vierges…

5.

Dans le canyon en feu
Au gré du pas j'avance
Et soudain tout s'est tu…

6.

Petits chagrins des îles
La nostalgie s'enivre
Vers d'autres latitudes…

7.

Quatre milles cœurs ensemble
Ont chanté les louanges
Emmanuel est son nom…

8.

Depuis la nuit des temps
Familles et ses problèmes
Comment, comment je t'aime…

9.

La neige ayant fondu
Le ruisseau coule à flots
Quel beau clapotis d'eau…

10.

Nuit glacée de l'hiver
Morsure du froid qui dure
On prendrait bien un thé…

11.

Rochers brûlants
Mes doigts s'y fondent
En escalade…

12.

La Mer n'a pas cessé
Pas cessé de descendre
Une Aquarelle se forme…

13.

Au bord de l'océan
Un banc de sable fin
Et là j'y grave un mot…

14.

À huit heures du matin
Les cours d'écoles du monde
Interpellent l'unisson…

15.

Aux enfants de la rue
Un arpent de trottoir
Mais Dieu qu'ils sont heureux…

16.

La raie Manta
S'en est allée
Baisers salés…

17.

L'abeille butine
Au gré des fleurs
Elle doit être ivre…

18.

Parfum d'aiguille
Du pin qui pique
Printemps demain…

Octobre 2008.

Quelque Chose à Donner.

Nous avons quelque chose, quelque chose à donner...
Du venin de nos maux ou du désir d'aimer
Il n'y a qu'une frontière où le pas fait son choix...
Du plus petit ou grand, du plus pauvre au plus riche,
Du plus humble au plus fier... tout le monde peut donner...

Nous avons quelque chose, quelque chose à donner...
Si tu sais voyager, tu t'apercevras vite,
Qu'au plus profond de l'homme, l'envie est de donner...
Il y a ceux qui comprennent, il y a ceux qui s'entêtent,
Il y a ceux qui reçoivent sans jamais partager...
Mais le plus démuni a si souvent raison
Car son espoir est tel qu'il n'attend pas ta main,
La main de l'égoïsme, irascible et sans fin,
Qui tue l'humain dans l'Âme, emprisonnant son cœur...

Nous avons quelque chose, quelque chose à donner...
Du baiser les plus doux à la vengeance des coups,
Il n'y a qu'un pas à faire pour contredire l'endroit,
Qui prend place en nos choix, sans retours ni détours,
Irrémédiablement pesant de conséquences...

Nous avons quelque chose, quelque chose à donner,
Alors pourquoi compter ce qu'a Seigneur donné
Sachant que partager nous apprendra Bonté.

Septembre 2009.

Blessure du Mot.

Ne s'étant pas compris, ils sont restés fâchés,
Ne sachant plus pourquoi, ils sont restés sans voix…
Alors à la dérive, ils ont brisé les ponts.

Pourquoi nos amitiés sont trop souvent froissées !
Quel chemin faudra-t-il, trouver sans trop penser,
Lorsque les fruits du cœur n'ont plus peur d'avoir peur !
J'aime autant ces Amis, l'un pour l'autre séparé…
J'aimerais tellement revoir ce lien qui nous unit…
Dois-je accepter seulement, la blessure de leurs maux !
Il n'y a point de fierté ou encore moins d'orgueil,
Respectivement pour eux, mais au fond de leur yeux,
Les mots de leur blessure ont ancré la morsure.

Me laisseront-ils la chance de raviver la flamme,
Qui jadis fut la nôtre dans l'Âme de trois Amis,
Avant qu'on soit trop vieux ou perdus dans les cieux…

Ce qui n'était n'est plus, alors comment tourner,
La page sur nos blessures pour que chagrin ne dure,
Espérant du futur que tombent nos armures.

Le 18 octobre 2009.

L'Amour Tout au Long du Chemin.

C'était un temps avant où tout toujours,
Semblait être harmonie, rempli de simplicité…
C'était un temps d'amour juste inconditionnellement,
Sans frontières, sans silence…

Maintenant le temps s'est écoulé et l'essence de l'amour,
Reste le même pour nous de façons si différentes,
Pour tant de raisons, juste inexplicables,
Que tant d'entre nous ont rencontrées avant…
Il est donc l'heure de réfléchir, non pas sur le passé qui n'est plus,
Mais de jour en jour fortement, libre avec un cœur ouvert
Véritablement tolérant dans nos peurs et nos doutes,
À chérir au fond de nous, en Aimant, Partageant, Préservant…

Le pouvoir de l'Amour est ici pour être amplifié
De bien des manières différentes, étonnamment si pures,
Et ne sera jamais abattu en ces moments difficiles,
Car la Foi en nous nous apportera toujours de la Paix.

Version originale du poème : *Love all the Way*. Traduit de l'anglais.

19.

Le laboureur passant
Son socle dans la terre meule
A dessiné la mer…

20.

Sur la portée la note
Se suspend dans le vide
Et moi j'y perds la tête…

21.

Au fond du lagon bleu
La raie Manta m'attire
Et plus loin elle soupire…

22.

La terre a fait peau blanche
D'un beau tapis neigeux
Où sont nos plages bleues…

23.

Prends sa main, ouvre ton cœur
Oublie même ta pensée
L'aura te parle-t-elle…

24.

Tant de parfums légers
À l'aube du printemps
Reviennent souvenirs d'enfance…

25.

Assis dans la clairière
Les chênes ont fait concile
Et là promeneurs passent…

26.

Accoudé au comptoir
Une bière ambrée légère
Il se fait déjà tard…

Octobre 2009.

Visages.

Les as-tu reconnu, les as-tu parcouru,
Tous ces visages enfouis, tous ces visages en fuite,
N'ayant que d'horizon les murs de leurs prisons…

Tant de masques alentour, allant au goût du jour,
Tant de sourires faussés que la cour fait chanter
Par soucis d'indolence ou manque de complaisance…
Du tout prêt-à-porter des fins fonds déguisés,
Ils font le carnaval d'un décor si banal,
Qu'on s'y perd volontiers à en déraisonner…

Oh tolérance errante, qu'as-tu fait de mes sens !
Car malgré tout j'essaye de ne pas démasquer,
L'autre qui n'est pas comme, l'image que j'ai de lui…
Chagriné désolé, Visage pourquoi prends-tu
Ces chemins de traverse dans le creux de l'ivresse
À des fins sans espoir de toute vérité…

Cinéma du présent, je hais ton superflu,
N'y trouvant ni refuge mais surtout l'amertume,
D'un temps qu'on dit moderne qui si peu me concerne…

Novembre 2009.

Coup de Tout.

Coup de soleil… aïe, aïe, aïe…
Coup du sort… quelle question,
Coup de vent… je t'attends.
Coup de feu… tu m'en veux,
Coup de filet… quelle belle pèche,
Coup de tête… tu t'entêtes,
Coup de sang… j'ai si chaud,
Coup de sirop… j'en bois trop,
Coup de froid… du Noroit,
Coup de sommeil… est-il tard,
Coup de cafard… ne pleure plus,
Coup de cœur… tu m'enchantes,
Coup de chance… là je danse,
Coup de vieux… j'y crois plus,
Coup de chien… m'en veux-tu,
Coup du diable… infernal,
Coup d'hasard… j'y crois pas,
Coup de haine… bien malsaine,
Coup de Joie… juste pour toi,
Coup d'Amour pour toujours…

Novembre 2009.

L'Envers de Nos Yeux.

Ne souffrons-nous pas d'une seule et même blessure…
Celle dont on ne parle peu, cachée au fond des yeux.

La douleur de nos maux, pour ces larmes qui coulent
Et qui parfois s'arrêtent, semble éternellement seule.
Il y a si peu de mots sur nos chagrins qui pleurent…
Il y a tant d'émotions amèrement étouffées.
On ne sait dire pourquoi, tant la morsure est vive…
On ne sait dire comment la vie nous a meurtris.
Dans l'immobilité, du passé des souvenirs…
Nous refermons sans cesse, la porte d'un cœur heureux.

Aveuglement je crie, affligé de tristesse,
Ne trouvant réconfort, qu'au fond des mots écrits…
Maladroitement j'apprends, d'apprivoiser l'endroit,
Dans l'envers de mes yeux…
Et cueillir la moisson du présent à foison.

27.

Il a neigé partout
Et mère nature a pris
Sa belle tenue de noce…

28.

Le feu crépite
Et le chat qui ronronne
Quelle pose agréable…

29.

Les voiles blanches
À l'horizon
Chantent les saisons…

30.

Elle porte un sari jaune
Orangé d'or et poudre
Quelle grâce dans le regard…

31.

Aéroport immense
Attentes interminables
Que font les prisonniers du temps…

32.

Le bleu de tes yeux verts
M'a envouté de charme
Alors tombent mes larmes…

33.

Odeurs sucrées d'un soir d'été
Beaux champs dorés
Souvenirs chamades…

34.

Aux portes de la douleur
Aseptisées de blanc
Et tant de cris d'enfants…

35.

Le jeu des harmonies
Et l'envie qui s'enfuit
Là tout le monde en rit…

36.

Sur le papier la plume
Glisse de mot en mot
Et la page s'émerveille…

37.

Voilà le p'tit Tintin
Filant trottinette
Mais quel est ce son de cloche…

38.

Les vagues se déroulent
Inlassablement belles
Un peu plus loin j'écris…

39.

À nouveau le printemps
A changé de manteau
Il fait si doux dehors…

40.

Le grand pin-parasol
Sous la lune
S'évanouit…

41.

Le vent des dunes
Dans l'aube claire
Réveille plumes…

42.

Sous la rosée
Mon pas fragile
Devient timide…

43.

Petite tortue
Aux pas fragiles
Où cours-tu donc…

44.

Écureuil brun
Tout étourdi
Mémoire s'enfuit…

Novembre 2009.

À Tous les Perroquets.

Le Perroquet a dit, alors j'ai répété,
Apprenant la leçon sans vraiment m'en soucier...
Qu'il me faut dire cela dans ce code établi
Par l'humain répétant ce qu'écrit fut jadis...

Dans ce carcan rigide, inhibant trop souvent,
Nos actes et nos pensées tant de fois réprimées,
Je me refuse à croire ce qu'homme a décrété,
Bafouant ma liberté et freinant ma gaîté.

À travers millénaires, passagers sur la Terre,
Qu'a-t-on vraiment appris du cœur de l'homme qui saigne...
En dupliquant sans cesse tant d'actes de faiblesse,
Fermant la porte à l'autre par choix des interdits.

Nos modes de fonctionnements seraient-ils donc faussés,
Pour mieux canaliser nos êtres à la dérive,
Contrariant l'ouverture à notre épanouissement
Qui dans son souhait de Paix s'en trouve diminué...

À tous les Perroquets qui ne font que radoter,
Laissons droit à chacun, la place à tous nos rêves,
Car nos conditionnements dont façonnés nous sommes,
Ne font que perpétuer des images erronées...

Novembre 2009.

L'Insignifiance du Temps.

Oh toi temps qui t'écoules de jour en jour sans fin,
Nos jours sont-ils comptés, nos nuits sont-elles fanées…
Après quoi l'être humain courant contre sa montre,
Fait tant pour faire semblant de dompter l'impossible !

Dans cette immensité gorgée de solitude
Où la vie d'homme qui passe n'est qu'une bouffée d'air pur…
Nous dérivons sans cesse du présent qui nous tient,
Pour gagner sur le temps une marge d'incertitude !

Englouti dans ce monde matérialistement,
Aveuglé de toute part du superflu qui tue,
Nos choix irraisonnés nous entraînent tristement
Loin du cœur de notre âme et de la vie future…

Insignifiance du temps, tout indifféremment,
Il nous faut mieux comprendre, que ce passage sur Terre,
N'est qu'un tremplin pour mieux accepter l'éphémère,
En regardant au loin la Paix qui nous attend…

Éternité promise, à ceux qui cherchent encore
Et toujours sans relâche à briser les frontières
D'une humanité vaine et si souvent si fière,
Je poursuis ton chemin sans peur du bel effort…

Décembre 2009.

Partir.

Demain je serai prêt, même aujourd'hui déjà
À l'heure du grand départ, vers l'horizon de Paix…

Je n'ai plus peur mon Dieu et répondrai présent,
Lorsque pour moi ton choix aura fait décision…
De m'être souvent enfui, de ta Voie qui s'offrait,
D'avoir tant évité par simple facilité…
Ignorant la bonté que sans cesse tu m'offrais,
Temps, il m'aura fallu pour changer de voilure
Et entrouvrir mes ailes vers une relation pure…

Demain je serai prêt, même aujourd'hui déjà
Avançant en confiance vers l'unique lumière…
Oubliant mes tracas et mes craintes inutiles.

Chaque jour sans frémir, ma quête sans fin sera,
Me préparant au mieux à ton appel Divin…

45.

La lune s'arrondit
Vers un cercle parfait
Et je pense à Pierrot…

46.

Les aiguilles des grands pins
Tombent en tourbillonnant
Un tapis pour demain…

47.

Sous les orangers
Passent papillons
Jardin des délices…

48.

Loin des villes et du bruit
Dans l'immensité bleue
Je plonge dans l'abîme…

49.

Coup de feu dans la nuit
Un chien errant traverse
Kingston et son ghetto…

50.

L'avion a fait nuage
Le train quitte son quai
Et tout seul je demeure…

51.

Toujours le feu de joie
Met mon cœur en émoi
Et moi qu'est-ce que je bois…

52.

Brume du matin clair
Je sens la vie renaître
Et aux aguets j'écris…

53.

Regardant le ciel bleu
J'imagine la lune
Et sens qu'elle me sourit…

54.

Pleine lune brillante
Dans son manteau de lait
À qui songe-t-elle donc…

55.

Matin chagrin
Dans le crachin
S'éloigne un train…

56.

Cerfs-volants volant au vent
De courbes en ellipses
Tu rends mon cœur chantant…

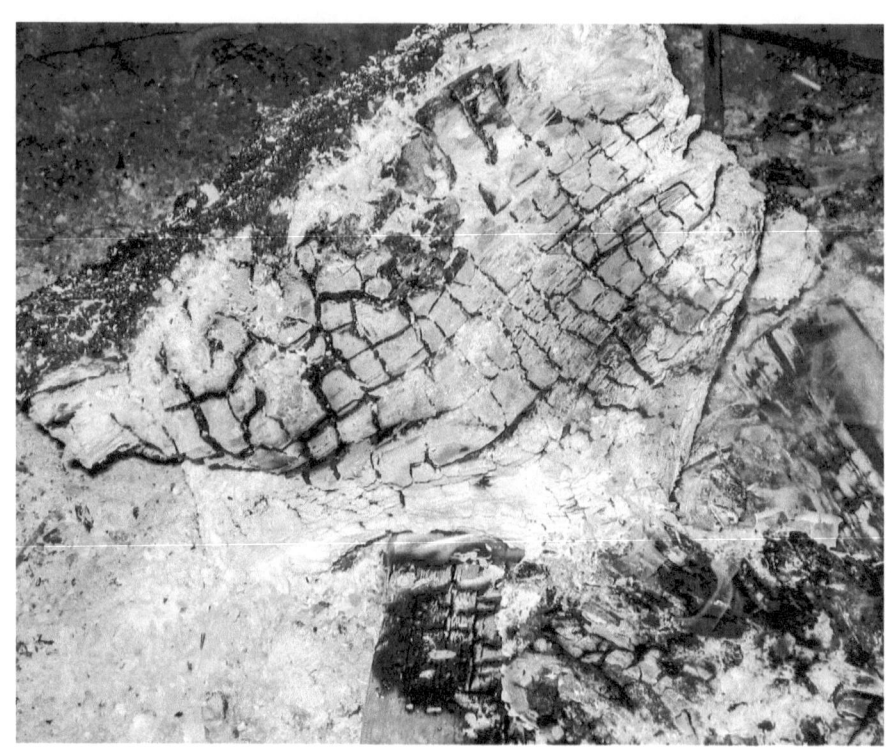

Janvier 2010.

L'Amour en Transition.

Ils se sont rencontrés puis se sont séparés…
Ils se sont retrouvés et ont fait le serment,
De s'aimer, d'être aimé, sans jamais dériver…
Deux cœurs n'en formant qu'un,
Deux corps dans cette union,
S'en iront vers demain sur ce si long chemin…
Mais les années passant, de la vie qui s'écoule,
La passion d'une union s'en est trouvée ternie
Et plongea cet Amour en état transition…
Lorsque la braise demeure et que la flamme s'éteint,
Le chemin de confiance devient voix du silence
Où l'habitude s'installe dans cette indifférence,
Alors pour faire surface, pousser la porte il faut…
Ne faisons-nous donc pas ce seul et même chemin,
Unis et déchirés dans ces moments de vie
Pour tenter d'approcher l'harmonie de nos cœurs…
Amour en transition, garde l'espoir en toi,
Oublie souffrances et peines et vit l'instant présent
Qui t'offre sans fin la chance d'y faire grandir ton choix…

Février 2010.

Le Pinceau à Mots.

Quand mon pinceau à mots écrit de jolis mots
Et peint comme aquarelle l'éphéméride du mot,
La page blanche s'éveille, ému, je m'émerveille...
Je laisse l'émotion vive au gré du mot qui danse
Comme une mélopée jaillissant d'un éclat,
Du feu follet des lettres qui comble tant mon être...
Il vous prend par la main et dans sa course folle
Vous fera voyager au-delà des frontières,
De la magie des mots et du poids qu'elle contient...
Territoires isolés, rivages esseulés,
Tels sont les continents du poète apeuré !
Quand mon pinceau à mots écrit à demi-mot,
J'ai si souvent l'idée de lui faire tant violence,
Pour l'aquarelle des mots qui n'a plus de patience...
Dans la magie des mots et la brûlure qu'elle porte,
Mon harmonie retrouve une paix tant cherchée
Où la lumière libère les maux de l'homme blessé
Respirant tendrement l'accalmie du tableau...

Février 2010.

Hypersensible.

Écorché vif je suis, demeure et resterai
Par besoin ou désir, sentir mon cœur frémir,
Dans cet appel lointain qui sans cesse tant me blesse…
Est-ce par trop de faiblesse ou de maladroitesse,
Que j'aime à conforter les bleus de ma jeunesse…
L'écarlate douleur de mes yeux vifs en feu,
M'inonde et me succombe intarissablement…
Il n'y a pas de tournants, encore moins de tourments,
Dans ce bien être exquis du vague à l'âme appris,
Juste un rayon de sel pour l'alchimie des veines…
Exalté d'impulsions chavirant tant mes peines
Vogue ainsi le vaisseau de mon être vulnérable.
Enflammé facilement, je deviens irascible
Pour les bassesses humaines et méchancetés stériles
Qui n'ont pas raison d'être et si faibles en couleurs…
Sans cesse elles me rappellent combien fragiles nous sommes,
Et portant ce chagrin qui me ronge en mes maux,
Je ne peux plus tolérer… car trop insupportables.
Mais ma quête incessante d'une harmonie sublime
A soif d'un idéal que sur Terre rien n'égale…
Y aura-t-il horizon dans cette transhumance !
Mon cœur a ce désir d'être pur et sincère…
Mon corps porte une souffrance aux parfums délétères…

B.J

57.

Le temps s'est-il enfuit
Nous passagers du vent
Âgés et si confus…

58.

Mal de vivre, vivre mal
À la dérive je fuis
Et puis quoi quel ennui…

59.

Dans leurs robes orangées
Sont-ils couverts de honte
Nos arbres de l'automne…

60.

Dans cette brume épaisse
La corne au loin frémit
Pêcheurs poissons venant…

61.

Soleil couchant
Au bord de l'eau
À pas feutrés…

62.

Le passant est passé
Le présent est charmant
Mais que devient le temps…

LE NOUVEL OCÉAN

63.

Le vent frais de l'automne
A balayé les feuilles
Et le ramasseur chante…

64.

L'assassinat des mots
Assassinant les cœurs
Mais où est mon chapeau…

65.

Sur la frontière au loin
Des barbelés se tendent
Et la fond mon chagrin…

66.

En petits serpentins
Il gravit le sentier
Et là l'entrain lui vient…

67.

Voici un inconnu
Serait-ce le nain connu
Connu des chapiteaux…

68.

Foi qui est qui demeure
Que ferais-je à ces heures
Où bonheur perd son souffle…

69.

Loin dans l'obscurité
Les yeux clos sourds au monde
Lumière divine m'inonde…

70.

Elle a pleuré si fort
Mon cœur en a saigné
Si fragiles nous restons…

71.

Le clapotis du lac
Au bord de l'eau me berce
Est-ce l'Océan des Mots…

Février 2010.

La Mort en Délivrance.

Dans l'attente du voyage vers l'au-delà divin,
Il y a ce long chemin dans la vie vers la vie…
Passager temporaire sur la planète Terre,
Il me faut traverser l'intransigeance du temps…
Quand par trop d'inespoir, mon corps désabusé,
En arrive à vouloir, changer le cours des choses,
Brûle en moi ce désir d'abandonner la vie…
Il me faut bien souvent une hardiesse d'acier,
Pour faire face à l'humain dans son intolérance,
Son choix intempestif, viscéralement malsain,
Son refus de grandir vers l'Amour du Seigneur…
Est-ce une fuite lâche, cet élan suicidaire,
Où mes contradictions s'enflamment de passions,
Pour la vie que j'adore et la mort qui m'attire !
Vie, es-tu donc combat, Mort seras-tu triomphe,
Pour mon être fragile dans ce cœur effondré.
Lumière divine inonde, tous ces flous qui m'encombrent…
Dans la méditation mon Âme y trouve repos,
Sans amertume aucune, écartant toutes peurs,
Certain que dans la mort, ma délivrance sera…

Noël 2009.

Dans la Joie du Pardon.

Si quelque part donné, la vie nous a donné,
Les fruits d'un Amour fou transcendant de lumière,
Nous nous devons de croire en toute humilité
Qu'il n'est plus beau cadeau que toujours pardonner…
Fils de Dieu toi qui eus, par ce si court passage,
La bonté d'éclairer nos sentiers embrumés,
Sur notre Terre en feu qui trébuche et tâtonne,
Du fond du cœur merci, c'est pour toi que je prie…
Homme toi qui réalises dans tes souffrances et peines,
Que notre humanité a trop si peu grandi…
Je nous sens démunis mais non pas sans espoir
Car tout nous fut donné avec tant de clarté…
Il nous faut arrêter de prétendre au bonheur,
Celui qui n'a point d'Âme, maladroitement perçu,
Et reconnaître sans fin cet abandon du moi,
Pour y construire vraiment une harmonie de Paix…
Fils de Dieu toi si bon, accepte mon pardon,
Continue de guider, nous, frères humains fragiles.
Fils de Dieu toi qui brilles, ranime en nous la flamme
Que tous chacun portons dans la Joie du Pardon…

Remerciements

Par la grâce du Seigneur insufflé dans cet élan, pour l'énergie positive et les encouragements de chacun… Merci.

À travers ce chemin dans la magie du mot, dans ce choix et cette volonté à tenter de vouloir poursuivre, l'approche d'une perfection, dans l'interprétation écrite et imagée… Merci.

Bercé par cette merveilleuse sensation de laisser voguer la plume au gré de mes intuitions multiples et très heureux de vous faire partager ce nouvel essai… Merci.

Rendant hommage à notre si belle langue française, apposant une esquisse d'écriture calligraphique chinoise et une tentative si enrichissante dans le style japonais du Haïku, voici les fruits du *Nouvel Océan*… qui je le souhaite, vous aura transporté vers de nouveaux rivages…

Du fond du cœur, grand Merci à tous, acceptez de le recevoir avec simplicité et indulgence, d'un profond désir et espoir de prolonger le voyage un peu plus loin…

Chaleureusement vers vous.

Cœur de rêveur, la Mouette.

Benoît

Crédits

p. 15, Soleil et Lune, calligraphie de Benoît Jalaber
p. 16, Cœur, photo de Myrtle Jalaber
p. 18, Espoir, photo de Benoît Jalaber
p. 20, Humanité, photo de Benoît Jalaber
p. 22, Eau 1a, photo de Benoît Jalaber
p. 24, Eau 1b, photo de Benoît Jalaber
p. 26, Eau 1c, photo de Benoît Jalaber
p. 28, Eau 1d, photo de Benoît Jalaber
p. 30, Eau 1e, photo de Benoît Jalaber
p. 32, Eau 1f, photo de Benoît Jalaber
p. 35, Harmonie, calligraphie de Benoît Jalaber
p. 36, Bonté, photo de Benoît Jalaber
p. 38, Voix, photo de Benoît Jalaber
p. 40, Amour, photo de Benoît Jalaber
p. 42, Eau 2a, photo de Benoît Jalaber
p. 44, Eau 2b, photo de Benoît Jalaber
p. 46, Eau 2c, photo de Benoît Jalaber
p. 49, Freedom, calligraphie de Benoît Jalaber
p. 50, Visages, photo de Benoît Jalaber
p. 52, Tout, photo de Benoît Jalaber
p. 54, Yeux, photo de Benoît Jalaber
p. 56, Eau 3a, photo de Benoît Jalaber
p. 58, Eau 3b, photo de Benoît Jalaber
p. 60, Eau 3c, photo de Benoît Jalaber
p. 62, Eau 3d, photo de Benoît Jalaber
p. 64, Eau 3e, photo de Benoît Jalaber
p. 66, Eau 3f, photo de Benoît Jalaber
p. 69, Why Note, calligraphie de Benoît Jalaber
p. 70, Rêve, photo de Benoît Jalaber
p. 72, Éphémère, photo de Benoît Jalaber
p. 74, Horizon, photo de Benoît Jalaber
p. 76, Eau 4a, photo de Benoît Jalaber
p. 78, Eau 4b, photo de Benoît Jalaber
p. 80, Eau 4c, photo de Benoît Jalaber
p. 82, Eau 4d, photo de Benoît Jalaber
p. 85, Peine, calligraphie de Benoît Jalaber
p. 86, Braises, photo de Benoît Jalaber
p. 88, Émerveille, photo de Benoît Jalaber

p. 90, Quête, photo de Benoît Jalaber
p. 92, Eau 5a, photo de Benoît Jalaber
p. 94, Eau 5b, photo de Benoît Jalaber
p. 96, Eau 5c, photo de Benoît Jalaber
p. 98, Eau 5d, photo de Benoît Jalaber
p. 100, Eau 5e, photo de Benoît Jalaber
p. 103, Joie et Beauté, calligraphie de Benoît Jalaber
p. 104, Au-delà, photo de Benoît Jalaber
p. 106, Transcendant, photo de Myrtle Jalaber
p. 109, Paix, calligraphie de Benoît Jalaber

À Propos de l'Auteur

Benoît Jalaber est né à Nantes en France. Son penchant pour le voyage a commencé très tôt avec les nombreux déplacements de sa famille tout au long de sa jeunesse. À l'âge adulte, Benoît vivra en Corse, au Cameroun, au Canada, dans plusieurs villes de France, dans les Caraïbes et enfin aux États Unis où il s'installe avec sa femme et sa fille.

Grâce à son église catholique de Mint Hill en Caroline du Nord, Benoît fait la connaissance de la communauté des Missionnaires des Pauvres (MOP). Lors de sa première mission humanitaire dans un orphelinat au siège de la communauté à Kingston en Jamaïque, Benoît rencontre la jolie petite orpheline nommée Vanessa. Une histoire d'amour incroyablement belle et divine s'ensuit.

www.ingramcontent.com/pod-product-compliance
Lightning Source LLC
Chambersburg PA
CBHW031425290426
44110CB00011B/523